SESAME STREET® 123

Me encanta COMPARTIR con Comegalletas

Un libro sobre la generosidad

Marie-Therese Miller

ediciones Lerner ◆ Mineápolis

La misión de Sesame Street siempre ha sido enseñarles a los niños mucho más que solo el abecedario y los números. Esta serie de libros que promueven rasgos de la personalidad positivos como la generosidad, el respeto, la empatía, el pensamiento positivo, la resiliencia y la persistencia ayudarán a los niños a crecer y convertirse en la mejor versión de ellos mismos. Por eso acompaña a tus amigos divertidos y peludos de Sesame Street mientras aprenden a ser más inteligentes, más fuertes y más amables y le enseñan a serlo a todo el mundo.

Saludos. Los editores de Sesame Street

CONTENIDO

¿Qué es compartir?

La generosidad implica darles a los demás.

Yo compartir mi balón de fútbol.

Puedes ser generoso o generosa si compartes.

Cómo compartir

Compartes tu juguete con un amigo o amiga.

Tu amigo juega y después te lo devuelve.

Compartir es una manera de mostrarles a las personas que las aprecias.

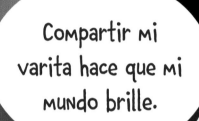

Compartir mi varita hace que mi mundo brille.

Puedes compartir algo de lo
que tienes con otra persona.

Yo romper galleta en dos para compartir.

Algunas veces compartimos
cuando esperamos nuestro turno.

Se puede esperar el turno para usar un columpio. Tu amiga se columpia, luego lo haces tú.

Se puede compartir el trabajo.
Puedes ayudar a tu papá a mezclar
mejor la masa de los panqueques.

Ayudo a mamá a lavar y doblar la ropa.

¡Compartir el trabajo ayuda a que las tareas se hagan más rápido y es más divertido hacerlas!

Puedes compartir tu tiempo con otras personas.

¿Qué pueden hacer juntos?

Puedes andar en bicicleta con tu abuela o leerle a tu hermano.

Puedes compartir tus talentos y tus ideas.

Toco la guitarra y canto para mis amigos y mi familia.

Puedes contar bromas divertidas o escribir cuentos.

La generosidad te hace sentir bien.

Compartir significa que aprecias a los demás.

¡SER UN AMIGO!

Haz un dibujo con tu amigo o amiga.

Compartan crayones, pinturas e ideas.

¿Cómo te sientes cuando compartes?

Glosario

generosidad: darles a los demás

idea: un pensamiento

talento: una habilidad especial

trabajo: una tarea

turno: una oportunidad de hacer algo

Más información

Miller, Marie-Therese. *Todos merecemos que nos valoren con Zoe: Un libro sobre el respeto.* Mineápolis: ediciones Lerner, 2024.

Pettiford, Rebecca. *Showing Generosity.* Mineápolis: Bullfrog Books, 2017.

Shepherd, Jodie. *Kindness and Generosity: It Starts with Me!* Nueva York: Children's Press, 2016.

Índice

Créditos por las fotografías

Créditos de las imágenes adicionales: Rawpixel.com/Shutterstock.com, p. 4; Jaren Jai Wicklund/Shutterstock.com, pp. 5, 15; spass/Shutterstock.com, p. 6; Juliya Shangarey/Shutterstock.com, p. 7; fizkes/Shutterstock.com, p. 8; FamVeld/Shutterstock.com, p. 9; Monkey Business Images/Shutterstock.com, p. 10; szefei/Shutterstock.com, pp. 11, 16; Oleg Mikhaylov/Shutterstock.com, p. 12; A3pfamily/Shutterstock.com, p. 13; bbernard/Shutterstock.com, p. 14; Pavel Kobysh/Shutterstock.com, p. 17; Vasilyev Alexandr/Shutterstock.com, p. 18; LightField Studios/Shutterstock.com, p. 19; Patrick Foto/Shutterstock.com, p. 20.

Para mi mejor amiga Donna, quien compartió su espíritu generoso y su risa conmigo durante sesenta años

Traducción al español: ® and © 2024 Sesame Workshop. Todos los derechos reservados.
Título original: *Me Love to Share with Cookie Monster: A Book about Generosity*
Texto: ® and © 2021 Sesame Workshop. Todos los derechos reservados.
La traducción al español fue realizada por Zab Translation.

ediciones Lerner
Una división de Lerner Publishing Group, Inc.
241 First Avenue North
Mineápolis, MN 55401, EE. UU.

Si desea averiguar acerca de niveles de lectura y para obtener más información, favor consultar este título en www.lernerbooks.com.

Fuente del texto del cuerpo principal: Billy Infant. Fuente proporcionada por SparkyType.

Library of Congress Cataloging-in-Publication Data

The Cataloging-in-Publication Data for *Me encanta compartir con Comegalletas: Un libro sobre la generosidad* is on file at the Library of Congress.
ISBN 979-8-7656-0828-9 (lib. bdg.)
ISBN 979-8-7656-2330-5 (pbk.)
ISBN 979-8-7656-1277-4 (epub)

Fabricado en los Estados Unidos de América
1-1009527-51467-5/8/2023